Breuddwyd Lisa

Addasiad Non ap Emlyn o *Dyddiadur Lisa* gan
Menna Cravos

Lluniau gan
Stephen Daniels

UNED IAITH GENEDLAETHOL CYMRU
CBAC

Paratowyd y llyfr hwn ar gyfer disgyblion Cymraeg Ail Iaith Cyfnodau Allweddol 3 a 4.

Mae'r storïau wedi eu haddasu ar y lefelau canlynol:

Lefelau 3/4

Lefelau 4/5

Lefelau 5/6

Lefelau 6/7

Breuddwyd Lisa
Addasiad o *Dyddiadur Lisa*, gan Menna Cravos, (Cyfres y Dolffin, hawlfraint ACCAC ©) a gyhoeddwyd ym 1996 gan Gwmni Iaith Cyf.

Addasiad: Non ap Emlyn

© Lluniau gan Stephen Daniels

Argraffiad cyntaf Hydref 1999

Cyhoeddwyd gan Uned Iaith Genedlaethol Cymru, Cyd-bwyllgor Addysg Cymru, 245 Rhodfa'r Gorllewin, Caerdydd CF5 2YX.

Mae Uned Iaith Genedlaethol Cymru yn rhan o WJEC CBAC Limited, elusen gofrestredig a chwmni a gyfyngir gan warant ac a reolir gan awdurdodau unedol Cymru.

ISBN 1 86085 383 8

Argraffwyd gan Wasg Gomer, Llandysul, Ceredigion. SA44 4QL

Breuddwyd Lisa

Lefelau 3/4

Caspar!
Caspar!
Dere 'ma! Ti,
- pwy wyt ti?

Rhedodd ci mawr allan o'r fferm. Roedd e'n edrych yn gas.
Gwaeddodd rhywun o'r tŷ.

O na! Dim eto! - y freuddwyd eto!

Yn sydyn, dihunodd Lisa. Roedd ofn arni hi. Roedd hi'n cael y
freuddwyd yna'n aml.

Roedd Lisa a Liam yn beicio yn y wlad. Roedd Lisa'n hapus iawn. Roedd hi'n hoffi Liam.

Yn sydyn, gwelodd Lisa arwydd "Pantyderi" a ffordd fach yn mynd i'r dde. Cofiodd hi am y fferm yn y freuddwyd.

Aeth hi i fyny'r ffordd fach. Gwelodd hi'r fferm.

Yn sydyn, roedd sgrech ofnadwy. Roedd rhywbeth yn hofran yn yr awyr. Roedd e'n gweiddi, "Cer o 'ma!"

Rhedodd ci mawr allan o'r fferm. Roedd e'n edrych yn gas. Gwaeddodd rhywun o'r tŷ.

Edrychodd y dyn yn gas ar Liam a Lisa. Roedd e'n nabod Lisa, ond doedd hi ddim yn nabod y dyn.

Y bore wedyn aeth Lisa i'r siop anifeiliaid anwes ble roedd Liam yn gweithio. Doedd Liam ddim yno. Dechreuodd Lisa siarad â Malcolm, y perchennog.

Yna, y diwrnod wedyn, aeth Lisa i dŷ Liam. Roedd rhywun wedi torri i mewn i'r tŷ. Canodd y ffôn.

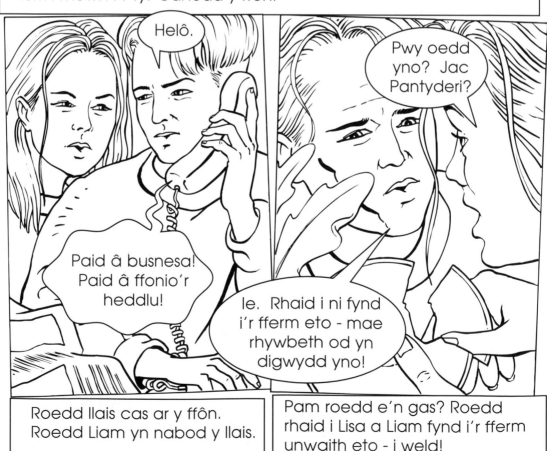

Roedd llais cas ar y ffôn. Roedd Liam yn nabod y llais.

Pam roedd e'n gas? Roedd rhaid i Lisa a Liam fynd i'r fferm unwaith eto - i weld!

Daeth Jac allan o'r ffermdy gyda dyn arall - Malcolm o'r siop anifeiliaid anwes, bos Liam.

Dechreuodd y dynion gario bocsys i'r sied.

Carion nhw lawer o focsys i mewn i'r sied.

Yna, aeth y dynion i mewn i'r tŷ i gael diod ac i siarad busnes.

Dringodd Lisa a Liam i mewn i'r sied trwy ffenest fach.

Roedd llawer o focsys yn y sied. Roedd y geiriau **Llaeth Sych** ar y bocsys.

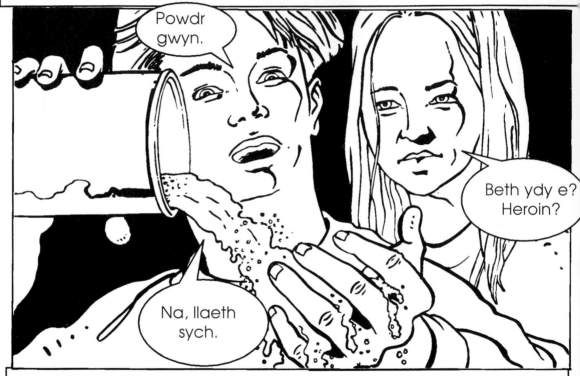

Edrychodd Liam yn un o'r bocsys. Roedd tuniau llaeth sych yn y bocs.

Ond roedd tyllau yn rhai o'r tuniau.

Agorodd e un o'r tuniau. Yn y tun roedd rholyn papur tŷ bach ac yn y rholyn roedd parot bach.

Yna roedden nhw'n gwybod. Roedd Jac, Malcolm a'r dyn arall yn smyglo adar egsotig.

Dechreuodd Liam a Lisa agor y tuniau eraill. Ffeindion nhw lawer o barotiaid bach sâl ac roedd rhai wedi marw.

Dechreuodd Lisa dynnu lluniau gyda'r camera.

Agorodd Liam y tun olaf. Syrthiodd y tun i'r llawr a gwneud sŵn mawr.

Yn sydyn, agorodd y drws. Daeth dau ddyn i mewn gyda'r ci mawr. Ffeindiodd y ci nhw ar unwaith.

Roedd y ci'n edrych yn gas. Roedd y dynion yn edrych yn gas hefyd. Roedd Jac yn pwyntio gwn at Liam a Lisa.

Gofynnodd Malcolm am y camera. Yna, daeth Caspar, y parot coch, i mewn. "Caspar! Cer o 'ma," gwaeddodd Jac. Sgrechiodd y parot a hedfan allan trwy'r drws.

Yna, digwyddodd rhywbeth od iawn . . .

. . . dechreuodd y parotiaid bach godi i'r awyr . . .

. . . a hedfan tuag at y dynion drwg

Roedden nhw'n hedfan o gwmpas eu pennau ac yn brathu eu dwylo.

Yn sydyn, daeth dau ddyn arall i'r drws.

Roedd rhaid i Jac a Malcolm a'r gyrrwr fynd i Swyddfa'r Heddlu.

20

"Y ddau dditectif bach!" Rydyn ni'n gweithio'n dda fel tîm!

Ydyn.

Beth am fynd am dro?

Iawn.

Dydd Sadwrn, aeth Lisa a Liam am dro. Roedd Lisa'n hapus iawn - doedd hi ddim yn cael breuddwydion cas nawr.

Ond roedd hi'n hapus am reswm arall hefyd - roedd hi a Liam yn fwy na ffrindiau nawr . . .

. . . yn **llawer mwy** na ffrindiau!

HELP

aeth hi	she went
agorodd Lisa	Lisa opened
carion nhw	they carried
clywon nhw	they heard
cofiodd hi	she remembered
cuddion nhw	they hid
daeth hi	she came
dechreuodd pethau od ddigwydd	strange things started to happen
dechreuodd y dynion gario bocsys	the men began carrying boxes
digwyddodd rhywbeth od	something strange happened
dihunodd Lisa	Lisa awoke
dringodd y gyrrwr allan	the driver climbed out
edrychodd y dyn yn gas	the man looked nastily
ffeindiodd y ci nhw	the dog found them
gwaeddodd rhywun	someone shouted
gwelodd Lisa	Lisa saw
neidiodd dwy lygoden allan	two mice jumped out
rhedodd hi	she ran
sgrechiodd hi	she screamed
syrthiodd y tun	the tin fell

GEIRFA

arwydd	sign
awyr	air, sky
brathu	to bite
breuddwyd	a dream
breuddwydio	to dream
busnesa	to interfere / to poke (your) nose into ...
cas	nasty
cer o 'ma!	go away!
digwydd	to happen
dwyn	to steal
(yn) dywyll	dark
(y) freuddwyd	(the) dream
(yn) fwy na	more than
(yn) gas	nasty/nastily
guddio (cuddio)	to hide
gwarchod	to protect
gweiddi	to shout
gwerthu	to sell
hofran	to hover
lleidr	thief
llygod	mice
nabod	to know (a person)
o'r blaen	before
reswm (rheswm)	reason
perchennog	owner
rholyn papur tŷ bach	toilet roll
sgrech	scream
talu	to pay
tyllau	holes
tynnu lluniau	to take pictures/photographs
wedi marw	dead
yn fwy na	more than
yn llawer mwy na	much more than

Breuddwyd Lisa

Lefelau 4/5

Roedd hi'n cerdded i fyny'r ffordd at ffermdy. Doedd dim sŵn.
Doedd neb o gwmpas.
Yn sydyn, roedd sgrech ofnadwy. Roedd rhywbeth yn hofran yn yr
awyr. Rhedodd ci allan o'r fferm. Roedd e'n edrych yn gas iawn.
Gwaeddodd rhywun o'r fferm.
Roedd ofn ar Lisa.

* * *

Yna, dihunodd Lisa.
"Y freuddwyd yna eto," meddyliodd. "Pam dw i'n cael y freuddwyd
yna trwy'r amser?" Roedd hi'n teimlo'n ofnadwy.

Roedd Lisa yn hapus iawn - roedd hi'n beicio yn y wlad gyda Liam ac roedd Liam yn ffantastig!

Ond yna, gwelodd Lisa arwydd "Pantyderi". Dechreuodd hi feicio i fyny'r ffordd a daeth hi at fferm. Doedd dim sŵn. Doedd neb o gwmpas.

Yn sydyn, roedd sgrech ofnadwy. Roedd rhywbeth yn hofran yn yr awyr. Roedd e'n gweiddi, "Cer o 'ma!" Rhedodd ci allan o'r fferm. Roedd e'n edrych yn gas iawn.

Yna, daeth llais cas o'r fferm, "Caspar!"

Hedfanodd y parot yn ôl at y dyn.

Edrychodd y dyn yn gas ar Lisa.

"Ti, eto!" dwedodd e.

"Ond . . .," doedd Lisa ddim yn deall. Doedd hi ddim yn nabod y dyn.

"Ewch o 'ma," dwedodd y dyn yn gas.

Yn ôl ar y ffordd fawr siaradodd Liam a Lisa am y dyn a'r fferm, y parot a'r ci.

"Wyt ti wedi bod i'r fferm o'r blaen?" gofynnodd Liam.

"Nac ydw," atebodd Lisa. "Ond dw i'n breuddwydio am y lle yn aml."

"Rhyfedd," dwedodd Liam, "Dw i wedi gweld y dyn yna o'r blaen. Pwy ydy e? Rhaid i ni ffeindio allan."

Roedd Lisa'n teimlo'n ofnus iawn.

Yna, dechreuodd pethau od ddigwydd i Lisa a Liam. Un diwrnod yn yr ysgol, doedd Lisa ddim yn gallu ffeindio ei bag chwaraeon.

Yna, gwelodd un o'r merched fag Lisa mewn locer.

Ond pan agorodd Lisa'r bag, neidiodd dwy lygoden allan a rhedeg dros ei llaw hi.

Sgrechiodd hi a sgrechiodd hi.

Y bore wedyn, aeth Lisa i'r siop anifeiliaid anwes ble roedd Liam yn gweithio. Ond doedd Liam ddim yno.
Roedd e wedi cael y sac - am ddwyn arian o'r til.
Doedd Lisa ddim yn deall o gwbl. Roedd Liam yn onest.

31

Y diwrnod wedyn, aeth Lisa i weld Liam yn ei dŷ. Cafodd hi sioc
ofnadwy. Roedd rhywun wedi torri i mewn i'r tŷ. Canodd y ffôn.
"Helô," atebodd Liam.
Roedd llais cas ar y ffôn . . .
"Paid â busnesa! Paid â ffonio'r heddlu!"
Roedd Liam yn nabod y llais - llais Jac Pantyderi - y dyn ar y fferm.

32

Nos Sadwrn, aeth Liam a Lisa i'r fferm unwaith eto. Doedd dim sŵn.
Doedd neb o gwmpas. Yn sydyn, roedd sŵn lori.
Stopiodd y lori o flaen y ffermdy.
Daeth Jac allan o'r ffermdy gyda dyn arall - Malcolm o'r siop anifeiliaid anwes.

Dechreuodd y dynion gario bocsys i'r ysgubor.
Ar ôl gorffen, aethon nhw i mewn i'r tŷ i gael diod ac i siarad busnes.

Dringodd I isa a Liam i mewn i'r ysgubor trwy ffenest fach. Roedd llawer o focsys yno ac yn y bocsys roedd tuniau. Roedd tyllau bach yn rhai o'r tuniau.

Agorodd Liam un o'r tuniau yn ofalus. Yno, roedd rholyn papur tŷ bach ac yn y rholyn roedd parot bach.

"Maen nhw'n smyglo parotiaid," dwedodd e.

"Wrth gwrs - Jac gyda'i gwmni lorïau a Malcolm, dy hen fos o'r siop anifeiliaid anwes. Dyna pam gest ti'r sac!" dwedodd Lisa.

Dechreuodd y ddau edrych yn y bocsys eraill. Roedd llawer o barotiaid ac adar egsotig yn y tuniau ac roedden nhw'n sâl iawn ar ôl y daith hir yn y lori.

"Lisa - y camera," dwedodd Liam yn sydyn. "Rhaid i ni dynnu lluniau."
Dechreuodd Lisa dynnu lluniau gyda'r camera.

Yna, agorodd Liam y tun olaf. Ond syrthiodd y tun i'r llawr a gwneud
sŵn mawr. Aeth Liam a Lisa i guddio.

Agorodd y drws. Daeth dau ddyn i mewn a rhedodd ci mawr at Lisa a
Liam.

Roedd gwn gyda Jac. "Sefwch," dwedodd e'n gas. "Pam dych chi'n
busnesa? Y ddau dditectif bach!"

Yna, trwy'r drws agored, fflachiodd y parot coch.

"Caspar! Cer o 'ma!" gwaeddodd Jac. Sgrechiodd y parot a hedfan
allan trwy'r drws.

Ond yna, digwyddodd rhywbeth rhyfedd. Dechreuodd yr adar bach godi i'r awyr a hedfan at y dynion.
Roedden nhw'n hedfan yn wyllt. Roedden nhw'n hofran o gwmpas eu pennau, yn brathu eu dwylo ac yn tynnu eu gwallt.
Rhedodd y ci allan o'r ysgubor mewn ofn.

Yna, digwyddodd rhywbeth rhyfedd arall. Daeth dau ddyn arall i mewn i'r ysgubor.
Aethon nhw â Jac a Malcolm a Stan, gyrrwr y lori, i Swyddfa'r Heddlu.

Ddydd Llun, aeth Liam a Lisa i Swyddfa'r Heddlu.

"Mae'ch ffotograffau chi'n help mawr i ni," dwedodd Chris. Roedd e'n gweithio i gymdeithas oedd yn gofalu am anifeiliaid gwyllt. Disgrifiodd e sut mae rhai pobl yn smyglo adar i mewn i'r wlad o Affrica a De America achos bod llawer o bobl yn hapus I dalu arian mawr am adar egsotig.

"A Malcolm o'r siop anifeiliaid anwes - oedd e'n gwerthu'r adar yma?" gofynnodd Liam.

"Oedd," atebodd Chris.

Dydd Sadwrn, aeth Lisa a Liam am dro ar lan yr afon. Roedd Lisa'n hapus iawn nawr achos roedd y breuddwydion cas wedi stopio. Ond roedd hi'n hapus am reswm arall - roedd hi a Liam yn fwy na ffrindiau nawr . . .

. . . yn **llawer mwy** na ffrindiau!

HELP

dechreuodd y dynion	the men started
dihunodd Lisa	Lisa awoke
dwedodd y dyn	the man said
fflachiodd y parot	the parrot flashed
gofynnodd y dyn	the man asked
gwaeddodd rhywun	someone shouted
hedfanodd y parot	the parrot flew
meddyliodd hi	she thought

GEIRFA

arwydd	sign
awyr	air, sky
bob man	everywhere
brathu	to bite
breuddwyd	dream
breuddwydio	to dream
busnesa	to interfere / to poke (your) nose into ...
cas	nasty
dwyn	to steal
gwarchod	to protect
gweiddi	to shout
gwerthu	to sell
hedfan	to fly
hofran	to hover
llais	voice
lleidr	thief
nabod	to know (a person)
o'r blaen	before
perchennog	owner
prin	rare
reswm (rheswm)	reason
rholyn papur tŷ bach	toilet roll
rhyfedd	strange
saethu	to shoot
sgrech	scream
talu	to pay
trwy'r amser	all the time
tybed	I wonder
tyllau	holes
tynnu lluniau	to take pictures/photographs
wedi gorffen	finished
wedi marw	dead
yn fwy na	more than
yn llawer mwy na	much more than
ysgubor	barn

Breuddwyd Lisa

Lefelau 5/6

Roedd hi'n cerdded i fyny ffordd gul at fferm Pantyderi. Roedd y lle'n dawel iawn. Doedd neb o gwmpas.

Yn sydyn, roedd sgrech ofnadwy a hedfanodd rhywbeth ati hi. Beth oedd e?

Roedd e'n hedfan o gwmpas ei phen - roedd e'n tynnu ei gwallt. Sgrechiodd.

Yn sydyn, roedd sŵn arall, sŵn gweiddi cas. Roedd y parot o gwmpas ei phen yn gweiddi, "Cer o 'ma! Cer o 'ma!"

Yna, daeth llais dyn o'r ffermdy, "Caspar! Caspar!"

Agorodd drws y ffermdy a rhedodd ci Alsatian mawr allan yn cyfarth yn ffyrnig. Ond safodd y ci ar ganol y buarth yn chwyrnu'n dawel. Roedd e mor ofnus â Lisa.

Yna, clywodd Lisa lais arall yn y pellter. "Lisa! Lisa! Coda - rwyt ti'n hwyr."

Roedd calon Lisa'n curo'n wyllt. Breuddwydio roedd hi. Yr un freuddwyd ag arfer - yr un ffordd, yr un buarth, yr un ffermdy, yr un parot a'r un ci. Doedd hi ddim yn deall.

Dydd Sul, Mai 14

Roedd hi'n ddiwrnod braf ac roedd Lisa'n beicio gyda Liam yn y wlad. Roedd hi wrth ei bodd achos roedd hi'n hoffi Liam yn fawr. Roedden nhw'n beicio o dan y coed, ar hyd y ffordd fawr. Yn sydyn, ar ochr y ffordd, gwelodd Lisa'r arwydd "Pantyderi" a ffordd fach gul yn mynd i'r dde. Roedd hi'n teimlo'n od. "Pantyderi - y ffermdy yn y freuddwyd," meddyliodd.

Troiodd hi i'r dde a beicio i lawr y ffordd fach.

Oedd, roedd hi o flaen y fferm - y fferm yn y freuddwyd - yr un buarth, yr un ffermdy a'r un tawelwch. Edrychodd hi o gwmpas. Doedd neb o gwmpas.

Yn sydyn, roedd sgrech ofnadwy a hedfanodd rhywbeth ati hi. Yna, roedd sŵn arall, sŵn gweiddi cas. Roedd y parot o gwmpas ei phen yn gweiddi. "Cer o 'ma! Cer o 'ma!"

Neidiodd Lisa mewn ofn.

Daeth llais dyn o'r ffermdy, "Caspar! Caspar!" Hedfanodd y parot yn ôl at y dyn.

Ac yna, fel yn y freuddwyd, agorodd y drws a rhedodd ci Alsatian mawr ati hi yn cyfarth yn ffyrnig.

Edrychodd y dyn yn gas ar Lisa. "Ti eto! Rwyt ti wedi bod yma o'r blaen!"

"Nac ydw," atebodd Lisa.

"Wyt - cer o 'ma a phaid â dod yn ôl eto! Paid â busnesa!" dwedodd y dyn.

"Wyt ti'n nabod y dyn yna?" gofynnodd Liam ar ôl cyrraedd y beiciau.

"Nac ydw," atebodd Lisa.

"Wel roedd e'n dy nabod di! Wyt ti wedi bod i'r fferm o'r blaen?"

"Nac ydw."

"Ond dwedodd y dyn . . ."

"Liam, dw i ddim yn deall. Dw i wedi breuddwydio am y fferm ond dw i ddim wedi bod yno o'r blaen," dwedodd Lisa.

"Rhyfedd! Dw i wedi gweld y dyn yna," dywedodd Liam, "ond dw i ddim yn gwybod ble."

"Rwyt ti'n seicig hefyd, efallai," atebodd Lisa.

Dydd Mawrth, Mai 16

Aeth Lisa i weld Liam yn y siop anifeiliaid anwes ble roedd e'n gweithio.

"O, mae parot gyda chi hefyd," dwedodd Lisa wrth Malcolm, perchennog y siop.

"Hefyd? Beth rwyt ti'n feddwl?" gofynnodd Malcolm.

"Cwrddes i â pharot arall ddydd Sul," atebodd Lisa.

"Ar fferm Pantyderi," ychwanegodd Liam.

"Fferm Pantyderi?" dwedodd Malcolm. "Peidiwch â mynd yno eto - mae Jac, y dyn sy'n byw yno, yn gallu bod yn gas." Roedd golwg ryfedd ar wyneb Malcolm.

Dydd Mercher, Mai 17

Y diwrnod wedyn, digwyddodd rhywbeth rhyfedd yn yr ysgol.

Doedd Lisa ddim yn gallu ffeindio ei bag chwaraeon.

"Lisa, pam dwyt ti ddim wedi newid fel pawb arall?" gofynnodd yr athrawes. "Dw i ddim yn gallu ffeindio fy mag, Miss," atebodd Lisa.

Yna gwelodd un o'r merched y bag mewn locer.

"Dyna fe!" gwaeddodd hi.

"Brysia i wisgo," dwedodd yr athrawes a dechreuodd hi a'r merched gerdded allan i'r cae.

Ond pan agorodd Lisa'r bag, neidiodd dwy lygoden wen allan o'r bag a rhedon nhw dros ei llaw hi. Sgrechiodd hi a sgrechiodd hi.

Dydd Iau, Mai 18

Digwyddodd rhywbeth rhyfedd y diwrnod wedyn hefyd.

Aeth Lisa i'r siop anifeiliaid anwes i weld Liam yn gynnar yn y bore.

Roedd Malcolm yno.

"Ga i weld Liam os gwelwch yn dda?" gofynnodd hi.

"Dydy e ddim yma," atebodd Malcolm. "Mae e wedi cael y sac!"

"Ond pam?" gofynnodd Lisa.

"Mae e wedi bod yn dwyn arian o'r til," atebodd Malcolm.

"Ond mae e'n onest!" dwedodd Lisa ac aeth hi allan o'r siop yn methu deall.

Dydd Gwener Mai 19

Y diwrnod wedyn, digwyddodd rhywbeth rhyfedd eto.

Aeth Lisa i weld Liam yn ei dŷ. Roedd rhywun wedi torri i mewn.

"Pwy sy wedi gwneud hyn?" gofynnodd Lisa.

Yn sydyn, canodd y ffôn. Cododd Liam y ffôn.

"Paid â busnesa!" meddai llais cas ar ochr arall y ffôn. "Paid â busnesa!" meddai llais parot. Ac yna roedd llais arall - "Paid â dweud wrth yr heddlu!"

"Jac Pantyderi?" gofynnodd Lisa.

"Ie," atebodd Liam - "a'i barot."

Nos Sadwrn Mai 20

Penderfynodd Liam a Lisa fynd yn ôl i'r fferm i weld beth oedd yn digwydd. Cuddion nhw tu ôl i'r ysgubor. Clywon nhw sŵn lori'n dod i fyny'r ffordd.

Stopiodd y lori a dringodd y gyrrwr allan.

"Croeso yn ôl," dwedodd Jac. "Taith dda?"

"Iawn - roedd tipyn o broblem gyda'r tollau yn Ffrainc . . ."

"Beth?" gofynnodd llais arall. Roedd Liam a Lisa'n nabod y llais yma.

"Dewch, rhaid i ni gario'r bocsys i mewn i'r ysgubor," dwedodd Jac a dechreuodd y tri gario bocsys i mewn i'r ysgubor.

Ar ôl gorffen aethon nhw i mewn i'r tŷ am ddiod ac i siarad busnes.

Dringodd Liam a Lisa i mewn i'r ysgubor trwy ffenest fach. Tu mewn roedden nhw'n gallu gweld llawer o focsys. Ar y bocsys roedd y geiriau "Llaeth Sych".

Agorodd Liam focs. Roedd e'n llawn tuniau. Roedd tyllau yn rhai o'r tuniau. Agorodd e un o'r tuniau.

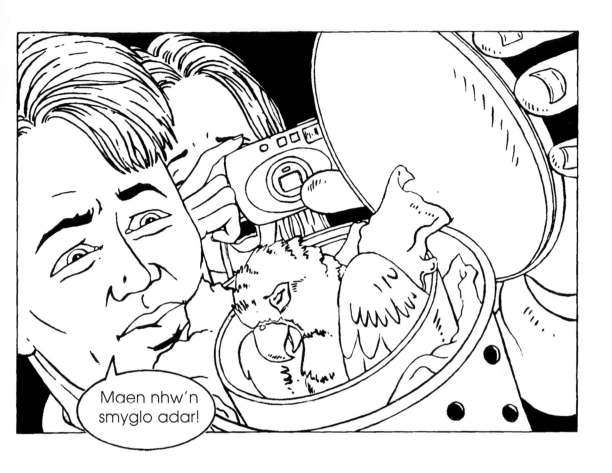

"Edrycha," dwedodd e. Yn y tun roedd rholyn papur tŷ bach. Yng nghanol y rholyn roedd aderyn bach gwan iawn. "Maen nhw'n smyglo adar i mewn i'r wlad."

Yn sydyn, cofiodd Liam am y llais arall yn siarad â Jac a Stan, gyrrwr y lori.

"Wyt ti'n gwybod pwy oedd y dyn arall yna? Malcolm - fy hen fos i.

Mae e a Jac yn smyglo parotiaid i mewn i'r wlad ac mae Malcolm yn eu gwerthu nhw yn ei siop."

"Wrth gwrs," dwedodd Lisa. "Dyna pam gest ti'r sac!"

"Y camera," dwedodd Liam, "rhaid i ti dynnu lluniau - yn gyflym. Dw i'n mynd i agor mwy o focsys."

Roedd llawer o adar egsotig yn y tuniau ac roedden nhw i gyd yn edrych yn wan iawn.

O'r diwedd roedd Liam yn agor y tun olaf. Ond syrthiodd y tun i'r llawr a gwneud sŵn mawr.

"Cuddia - tu ôl i'r bocsys 'na!" dwedodd Liam.

Clywon nhw sŵn traed yn dod at yr ysgubor. Yna, llais Jac Pantyderi: "Mae rhywun yma - Max, cer i ffeindio nhw!"

Rhedodd yr Alsatian mawr yn syth at Liam a Lisa.

"Chi eto!" dwedodd Jac. "Y ddau dditectif bach!"

Yna, trwy'r drws agored, fflachiodd rhywbeth coch a dechreuodd y parot hofran uwch ei ben.

"Caspar! Cer o 'ma!" gwaeddodd Jac. Sgrechiodd y parot a diflannodd trwy'r drws.

Yna, digwyddodd rhywbeth rhyfedd iawn. Dechreuodd yr adar bach godi. Hedfanon nhw at y dynion. Roedden nhw'n hofran uwchben y dynion. Cododd y dynion eu dwylo i guddio'u hwynebau mewn ofn. Dechreuodd yr adar bach frathu eu dwylo.

"Aaaaaaaawwwwwwwwww!" gwaeddon nhw.

Yn sydyn daeth dau ddyn i mewn. Roedden nhw wedi bod yn gwylio'r ffermdy ac roedden nhw'n gwybod am y smyglo.

Cyn bo hir, roedd Jac a Malcolm a Stan, y gyrrwr, ar y ffordd i Swyddfa'r Heddlu.

Dydd Llun, Mai 22

Roedd rhaid i Liam a Lisa ddweud yr hanes wrth yr heddlu.

"Ond pam smyglo adar i'r wlad?" gofynnodd Lisa.

"Dydy hi ddim yn bosib dod â pharotiaid ac adar egsotig i'r wlad. Mae'n torri'r gyfraith," eglurodd un o'r dynion. "Ond mae rhai pobl yn talu llawer o arian am adar egsotig, ac felly mae pobl yn eu smyglo nhw i mewn i'r wlad."

"Ac roedd Malcolm yn gwerthu'r adar yma yn ei siop?" gofynnodd Liam.

"Oedd," atebodd y dyn.

Dydd Sadwrn, Mai 27

Roedd hi'n ddiwrnod braf ac roedd Liam a Lisa'n cerdded wrth yr afon.

"Wyt ti wedi cael mwy o freuddwydion rhyfedd?" gofynnodd Liam.

"Nac ydw, diolch byth," dwedodd Lisa. "Dw i ddim eisiau breuddwydion rhyfedd byth eto."

"Wel, cofia," dwedodd Liam, "os wyt ti'n breuddwydio am rifau'r Loteri, dw i eisiau gwybod!"

Gwenodd y ddau a rhoiodd Liam gusan i Lisa. Cusan hir, hir.

GEIRFA

brathu	to bite
breuddwyd	dream
breuddwydio	to dream
busnesa	to interfere / to poke (your) nose into ...
byth eto	(n)ever again
cas	nasty
curo	to beat
cyfarth yn ffyrnig	to bark ferociously
chwyrnu	to growl
diflannu	to disappear
fflachio	to flash
golwg	look
gwaeddon nhw	they shouted
gwan	weak
gwarchod	to protect
gweiddi	to shout
hedfan	to fly
hofran	to hover
o'r blaen	before
perchennog	owner
prin	rare
rholyn papur tŷ bach	toilet roll
saethu	to shoot
sgrech	scream
tollau	customs
tyllau	holes
tynnu	to pull
tynnu lluniau	to take pictures / photographs
uwchben	above
uwch ei ben	above him
ychwanegu	to add
yr un . . .	the same . . .
ysgubor	barn

Breuddwyd Lisa

Lefelau 6/7

Dw i'n cerdded i fyny ffordd gyda choed ar bob ochr. Ar y dde mae tro a ffordd fach, gul. Dw i'n dechrau cerdded ar hyd y ffordd yma at fuarth fferm a ffermdy Pantyderi. Mae'r lle'n dawel iawn. Does neb o gwmpas. Does dim sŵn o gwbl.

Yn sydyn, mae sgrech ofnadwy a rhywbeth yn hedfan ata i. Mae rhywbeth yn hofran o gwmpas fy mhen - yn crafangu fy ngwallt. Dw i'n ceisio dianc ond mae'n amhosib.

Yna, mae llais cas yn gweiddi, "Cer o 'ma! Cer o 'ma!"
Mae drws y ffermdy'n agor ac mae ci Alsatian mawr yn rhedeg allan yn cyfarth yn ffyrnig.
Yna, mae llais arall - llais dyn o'r ffermdy'n gweiddi, "Caspar! Caspar!"
Mae'r parot yn hedfan at y dyn.
Mae'r ci'n sefyll ar ganol y buarth yn chwyrnu'n dawel. Ond dydy e ddim yn ymosod. Mae e mor ofnus â fi.

Yna, clywais lais Mam yn y pellter. "Lisa! Lisa! Coda – rwyt ti'n hwyr."
Roedd fy nghalon yn curo'n wyllt. Breuddwydio roeddwn i – yr un freuddwyd arswydus ag arfer.

Dydd Mercher, Mai 10

Diwrnod ofnadwy.

Roedd Teiffŵn Tilda'n flin iawn achos roeddwn i'n hwyr i'r ysgol. Yna, collodd Jones Cem ei dymer hefyd. Pam? Torrais i *test-tube* mewn arbrawf twp i brofi bod *copper sulphate* yn troi'n las.

Yna, pan es i adre roedd rhaid i fi fynd â Siôn, fy annwyl frawd bach, i'r parc!

Ond roedd un peth da - pwy oedd yn y parc ond Liam! Mae e'n gweithio mewn siop anifeiliaid anwes ac mae e'n lyfli! Roedd colomen wen yn bwyta o law Liam.

Buon ni'n siarad am amser hir.

Dydd Sul, Mai 14

Diwrnod rhyfedd iawn.

Roedd hi'n ddiwrnod braf ac roedden ni'n beicio i fyny ffordd gyda choed ar bob ochr. Roeddwn i wrth fy modd. Roeddwn i gyda Liam ac mae Liam yn gwmni da iawn - mae hi mor hawdd siarad â fe.

Ar y dde roedd tro a ffordd fach, gul. Wrth y tro roedd arwydd, "Pantyderi". Dechreuais i feicio ar hyd y ffordd fach. Roeddwn i'n gallu clywed Liam yn gweiddi arna i, ond es i ymlaen at fuarth fferm. Roedd y lle'n dawel iawn. Doedd neb o gwmpas. Doedd dim sŵn o gwbl.

68

Yn sydyn, roedd sgrech ofnadwy a hedfanodd rhywbeth ata i.
Roedd e'n hedfan o gwmpas fy mhen, yn crafangu fy ngwallt.
Ceisiais i ddianc ond roedd hi'n amhosib.
Roedd llais cas yn gweiddi, "Cer o 'ma! Cer o 'ma!"
Agorodd drws y ffermdy a rhedodd ci Alsatian mawr allan yn cyfarth
yn ffyrnig.
Yna daeth llais dyn o'r ffermdy'n gweiddi, "Caspar! Caspar!"
Hedfanodd y parot yn ôl at y dyn.
Safodd y ci ar ganol y buarth yn chwyrnu'n dawel. Ond ymosododd
e ddim. Roedd e mor ofnus â fi.
Daeth Liam i geisio fy helpu.
"Pwy dych chi?" gofynnodd y dyn oedd yn sefyll wrth ddrws y
ffermdy. Edrychodd e arna i. "Ti eto! Rwyt ti wedi bod yma o'r
blaen," dwedodd e'n ffyrnig.
"Nac ydw," atebais i.
"Wyt - cer o 'ma a phaid â dod yn ôl byth eto! Paid â busnesa!"

* * *

"Wyt ti'n nabod y dyn 'na?" gofynnodd Liam ar ôl i ni feicio yn ôl i'r
ffordd fawr.
"Nac ydw."
"Wel roedd e'n dy nabod di!"
"Oedd - rhyfedd iawn!"
"Wyt ti wedi bod i'r fferm o'r blaen?"
"Nac ydw."
"Ond dwedodd y dyn . . ."
"Liam, dw i ddim yn deall. Dw i wedi breuddwydio am y fferm ond
dw i ddim wedi bod yno o'r blaen," atebais i.
"Rhyfedd!" dwedodd Liam. "Dw i wedi gweld y dyn yna yn rhywle,
ond dw i ddim yn cofio ble."

* * *

Dydd Llun, Mai 15
Dw i'n sefyll ar y buarth unwaith eto. Mae hi'n dywyll iawn.
Yn sydyn mae golau'n dod o'r ffermdy. Dw i'n rhedeg i'r ysgubor i
guddio. Dw i'n gallu clywed dau ddyn yn siarad. Mae un yn sôn am
gargo o Sbaen.
Yna, mae'r ci'n dechrau chwyrnu.
"Pwy sy 'na?" mae'r dyn yn gofyn yn gas.
Sŵn traed. Golau'r fflachlamp yn fflachio.
Dw i'n rhedeg ac yn clywed y dyn yn gweiddi ar y ci, "Max, dalia hi!"

Dihunais yn sydyn. Yr un fferm. Yr un dyn. Yr un ci. Yr un freuddwyd.

Dydd Mawrth, Mai 16

Roedd rhaid i fi ddweud wrth Liam am y freuddwyd a'r cargo o Sbaen.
Felly, ar ôl yr ysgol es i i'r siop anifeiliaid anwes, ble mae e'n gweithio.

"Cargo? O Sbaen?" gofynnodd e.

Daeth Malcolm, bos Liam, i mewn.

"Helô Lisa," dwedodd Malcolm.

"Helô Lisa," dwedodd y parot.

"O na! Dim parot arall!" dwedais i.

"Beth rwyt ti'n feddwl?" gofynnodd Malcolm.

"Cwrddes i â pharot arall Ddydd Sul," atebais i.

"Ar fferm Pantyderi," ychwanegodd Liam.

"Fferm Pantyderi?" gofynnodd Malcolm. "Peidiwch â mynd yno eto -
mae'r dyn sy'n byw yno yn gallu bod yn gas."

"Pwy ydy e?" gofynnodd Liam.

"Jac Pantyderi. Mae busnes lorïau gyda fe. Maen nhw'n cario pethau
fel llaeth sych i Ewrop."

"Ydyn nhw'n mynd i Sbaen?" gofynnodd Liam.

"Weithiau. Sut rwyt ti'n gwybod hynny?" gofynnodd Malcolm.

Ddwedodd Liam ddim byd.

Dydd Mercher, Mai 17

Diwrnod ofnadwy arall!

Roedd y merched i gyd yn yr ystafell newid yn barod i fynd i chwarae hoci. Roedd Teiffŵn Tilda'n gweiddi ar bawb, "Brysiwch ferched!" Ond doeddwn i ddim yn gallu ffeindio fy mag chwaraeon. "Lisa, pam dwyt ti ddim yn barod?" gofynnodd hi.

"Dw i ddim yn gallu ffeindio fy mag, Miss," atebais i.

Yna gwelodd Brenda Price y bag mewn locer.

"Brysia i wisgo," dwedodd Teiffŵn Tilda. Ond pan agorais i'r bag neidiodd dwy lygoden wen allan a rhedeg dros fy llaw.

Sgrechiais. MAE'N GAS GYDA FI LYGOD!

Daeth Teiffŵn Tilda yn ôl i mewn i'r ystafell. Pandemoniwm!

Pwy roiodd y llygod yn fy mag? Dw i ddim yn gwybod, ond dw i'n amau Siwsan Sbeitlyd - dydy hi ddim yn fy hoffi i o gwbl - a'i thad hi ydy Malcolm, bos Liam yn y siop anifeiliaid anwes.

Ond nid dyna'r diwedd. Ar ôl mynd adre, dechreuais i wagio'r bag. Beth oedd yno ond darn o bapur. Ar y papur roedd y geiriau "Paid â busnesa!"

Dydd Iau, Mai 18

Dw i'n cerdded yn y parc. Mae colomen wen yn hedfan yn yr awyr. Yn sydyn mae sŵn mawr - sŵn gwn. Mae'r golomen yn syrthio i'r llawr. Dw i'n ceisio sgrechian, ond mae'n amhosib.

Breuddwyd arall.

Roedd rhaid i fi ddweud wrth Liam am y freuddwyd, felly, es i i'r siop anifeiliaid anwes ar y ffordd i'r ysgol.

Roedd Malcolm yno.

"Ga i weld Liam os gwelwch yn dda?"

"Dydy e ddim yma," atebodd Malcolm. "Mae e wedi cael y sac. Mae e wedi bod yn dwyn arian o'r til."

Doeddwn i ddim yn deall. Es i'n syth i'r parc. Dyna ble basai Liam, roeddwn i'n gwybod.

Dyna lle roedd e. Roedd e'n edrych yn drist ofnadwy. Wrth ei draed roedd bwndel bach gwyn yn gorwedd.

"Beth sy wedi digwydd?" gofynnais i.

"Mae'r golomen wedi marw. Mae rhywun wedi ei saethu hi," atebodd Liam. Ond pam?

Ces i deimlad ofnadwy. Y freuddwyd unwaith eto.

Dydd Gwener, Mai 19

Es i i weld Liam yn ei dŷ. Pan gyrhaeddais i roeddwn i'n gallu gweld rhywun yn symud tu mewn. Felly, canais i'r gloch. Dim ateb. Canais i'r gloch eto. Dim ateb eto.

Yn sydyn, clywais i lais Liam, "Haia, Lisa!" Roedd e'n cerdded i lawr y stryd. Ond os oedd e'n cerdded i lawr y stryd, pwy oedd yn y tŷ? Rhedon ni i mewn i'r tŷ. Roedd y dodrefn wedi torri; roedd llyfrau wedi eu rhwygo; roedd planhigion wedi eu tynnu allan o'u potiau ac roedd y pridd ar hyd y carped. "Pwy sy wedi gwneud hyn?" gofynnais i.

Yn sydyn, canodd y ffôn.

Cododd Liam y ffôn.

"Paid â busnesa!" meddai llais cas ar ochr arall y ffôn. "Paid â busnesa!" meddai llais parot. Ac yna roedd llais arall–"Paid â dweud wrth yr heddlu!"

"Jac Pantyderi?" gofynnais i.

"Ie," atebodd Liam - "a'i barot. Dw i wedi dysgu mwy am y dyn cas yna. Mae e wedi bod mewn trwbl gyda'r heddlu - am fod yn greulon wrth rai o'i anifeiliaid. Dydy e ddim yn ffermio nawr ond mae cwmni lorïau gyda fe. Maen nhw'n cario pethau yn ôl ac ymlaen i Ewrop."

"Cyffuriau?" gofynnais i.

"Dw i ddim yn gwybod," atebodd Liam. "Rhaid i ni fynd i weld . . ."

Dydd Sul Mai 21

Roedd hi'n noson glir iawn neithiwr. Doedd dim sŵn yn unman.
Dringodd Liam a fi dros ffens, yna aethon ni dros y caeau i fferm
Pantyderi. Cuddion ni tu ôl i'r ysgubor. Yn sydyn, roedd sŵn - sŵn lori'n
dod i fyny'r ffordd.
Stopiodd y lori a dringodd y gyrrwr allan.
"Croeso yn ôl," dwedodd Jac. "Taith dda?"
"Iawn, ond roedd tipyn o broblem gyda'r tollau yn Ffrainc . . ."
"Beth?" gofynnodd llais arall. Roedden ni'n nabod y llais yma.
"Dewch, rhaid i ni gario'r bocsys i mewn i'r ysgubor," dwedodd Jac, a
dechreuodd y tri gario'r bocsys o'r lori i'r ysgubor.
Ar ôl gorffen, cloiodd Jac y drws ac aethon nhw i mewn i'r tŷ am ddiod
ac i siarad busnes.
"Dere!" dwedodd Liam, "Mae ffenest fach ar agor!"
Dringon ni i mewn i'r ysgubor trwy'r ffenest fach. Roedd bocsys ym
mhobman ac ar y bocsys roedd y geiriau "Llaeth Sych". Agorodd Liam
un o'r bocsys. Roedd e'n llawn tuniau. Ond roedd tyllau yn rhai o'r
tuniau. Agorodd e un o'r tuniau yma.
"Edrycha," dwedodd e. Yn y tun roedd rholyn papur tŷ bach ac yng
nghanol y rholyn roedd aderyn bach gwan iawn.
"Parot," dwedodd Liam. "Maen nhw'n smyglo parotiaid i mewn i'r
wlad." Yn sydyn, cofiodd Liam am y llais arall yn siarad â Jac a gyrrwr y
lori. "Wyt ti'n gwybod pwy oedd y dyn arall yna yn siarad â Jac a'r
gyrrwr? Malcolm - fy hen fos i. Mae e a Jac yn smyglo parotiaid i
mewn i'r wlad ac mae Malcolm yn eu gwerthu nhw yn ei siop."
"Wrth gwrs," dwedais i. "Dyna pam gest ti'r sac!"

Maen nhw'n smyglo adar!

"Y camera," dwedodd Liam, "rhaid i ti dynnu lluniau - yn gyflym. Dw i'n mynd i agor mwy o focsys."

Roedd llawer o adar egsotig yn y tuniau ac roedden nhw i gyd yn edrych yn wan iawn.

O'r diwedd roedd Liam yn agor y tun olaf. Ond syrthiodd y tun i'r llawr a gwneud sŵn mawr.

"Cuddia - tu ôl i'r bocsys 'na!" dwedodd Liam.

Clywon ni sŵn traed yn dod at yr ysgubor. Yna, llais Jac Pantyderi: "Mae rhywun yma - Max, cer i ffeindio nhw!"

Rhedodd yr Alsatian mawr aton ni ar unwaith.

"Chi eto!" dwedodd Jac. "Y ddau dditectif bach!"

Yna, trwy'r drws agored, fflachiodd rhywbeth coch a dechreuodd y parot hofran uwchben Jac.

"Caspar! Cer o 'ma," gwaeddodd Jac. Sgrechiodd y parot a diflannu trwy'r drws.

Yna, digwyddodd rhywbeth rhyfedd iawn. Dechreuodd yr adar bach godi a hedfan at y dynion. Roedden nhw'n hofran uwchben y dynion. Cododd y dynion eu dwylo i guddio'u hwynebau. Dechreuodd yr adar bach frathu eu dwylo.

"Aaaaaaaawwwwwwwwww!" gwaeddon nhw.

Yn sydyn daeth dau ddyn arall i mewn. Dalion nhw Jac a Malcolm a gyrrwr y lori. Cyn bo hir roedden nhw ar eu ffordd i Swyddfa'r Heddlu. Ffeindion ni allan wedyn fod y dynion yma wedi bod yn gwylio'r ffermdy. Roedden nhw'n gwybod am y smyglo.

Dydd Llun, Mai 22

Roedd rhaid i ni ddweud yr hanes wrth yr heddlu.

"Dyma Chris Edgar – mae e'n gweithio gyda'r Gymdeithas Gwarchod Anifeiliaid Gwyllt," dwedodd un o'r heddlu.

"Pam maen nhw'n smyglo parotiaid i'r wlad?" gofynnais i.

"Dydy hi ddim yn bosib dod â pharotiaid ac adar egsotig i'r wlad. Mae'n torri'r gyfraith," atebodd e. "Ond mae rhai pobl yn barod i dalu llawer o arian am adar prin, ac felly mae pobl yn eu smyglo nhw i mewn i'r wlad."

"O ble?" gofynnais i.

"O Affrica a De America. Mae'r dynion yn dringo'r coed ffrwythau yn y fforestydd ac yn rhoi glud ar y canghennau. Wedyn, pan mae'r parotiaid yn dod i fwyta, maen nhw'n glynu wrth y pren . . ."

". . . ac wedyn mae'r dynion yn eu dal nhw," dwedodd Liam.

"Ydyn."

"Ac roedd Malcolm yn gwerthu'r adar yma yn ei siop?" gofynnodd Liam.

"Oedd."

Dydd Sadwrn, Mai 27

Roedd hi'n ddiwrnod braf ac roedden ni'n cerdded wrth yr afon.

"Wyt ti wedi cael mwy o freuddwydion rhyfedd?" gofynnodd Liam i fi.

"Nac ydw, diolch byth. Dw i ddim eisiau breuddwydion rhyfedd byth eto."

"Wel, cofia," dwedodd Liam, "os wyt ti'n breuddwydio am rifau'r Loteri, dw i eisiau gwybod!"

Gwenais a rhoiodd Liam gusan i mi. Cusan hir, hir.

GEIRFA

amau	to suspect
arbrawf	experiment
arswydus	frightening
brathu	to bite
breuddwyd	dream
busnesa	to interfere / to poke (your) nose into ...
byth eto	(n)ever again
canghennau	branches
colomen wen	white dove
crafangu	to claw
cyfarth yn ffyrnig	to bark ferociously
chwyrnu	to growl
dianc	to escape
diflannu	to disappear
fflachio	to flash
fflachlamp	torch
glud	glue
glynu wrth	to stick to
golwg	look
gwagio	to empty
gwarchod	to protect
hofran	to hover
o'r blaen	before
perchennog	owner
pridd	soil
prin	rare
rhwygo	to tear
tollau	customs
tyllau	holes
tynnu lluniau	to take pictures/photographs
uwchben	above
ym mhob man	everywhere
ymosod	to attack
ysgubor	barn